Couverture Inférieure manquante

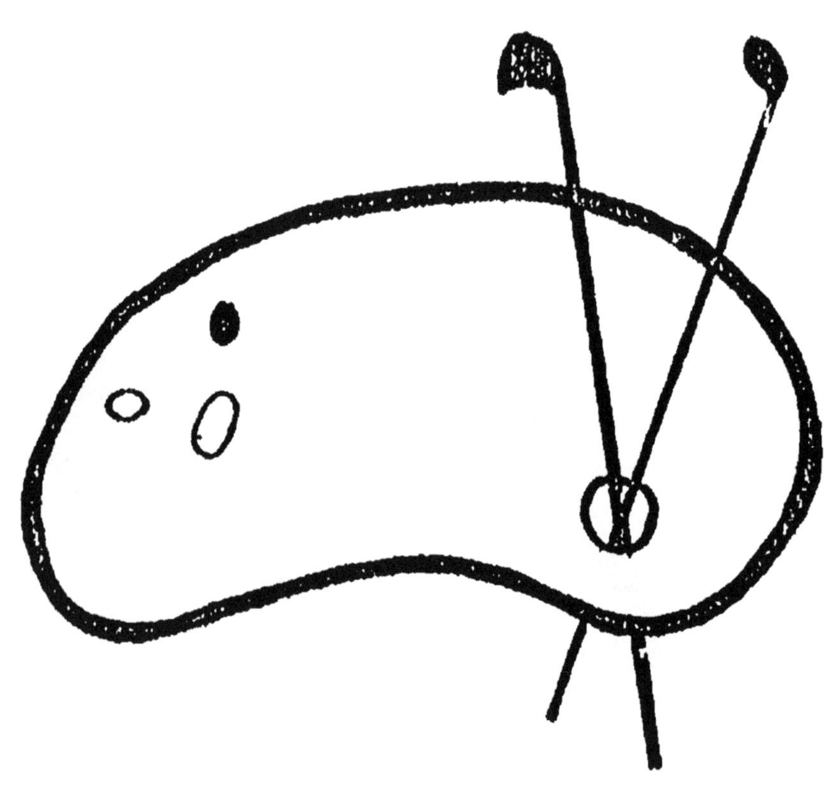

DEB T D NC S   L DE OCUMLNTS
FN COULFU

NOTES

SUR LES FAMILLES

LE RAY DE LA CLARTAIS

ET

LE RAY DU FUMET

PAR

Joseph ROUSSE

VANNES

IMPRIMERIE LAFOLYE

—

1893

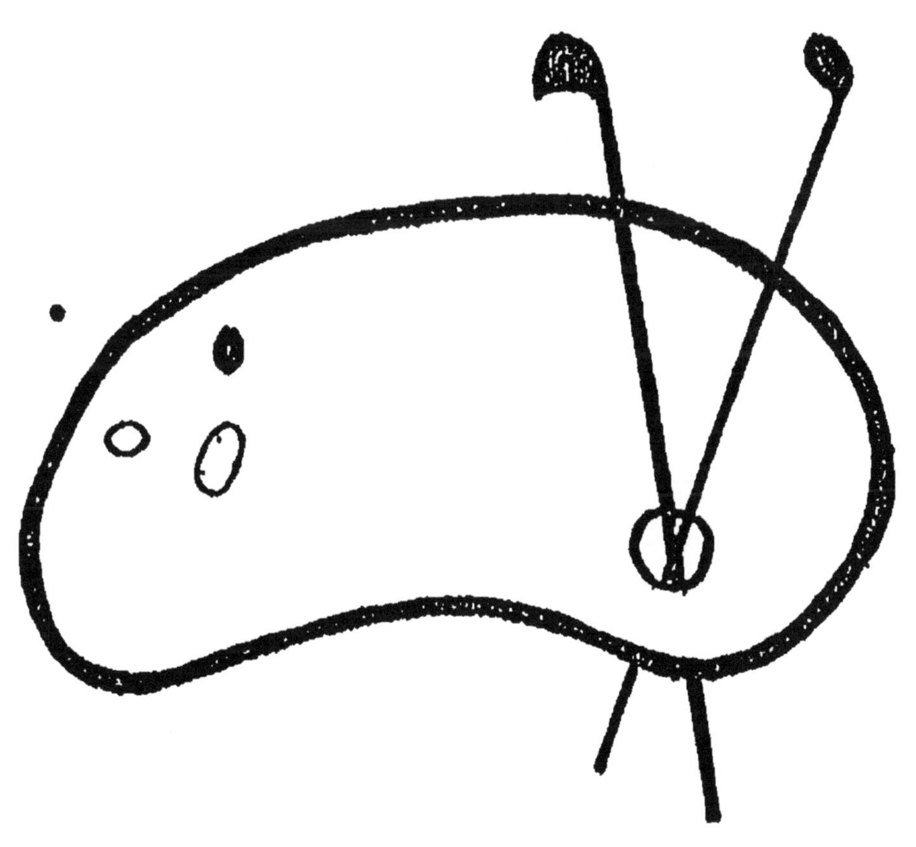

FIN D UNE SE   E DE DOCUMENTS
EN COULEUR

NOTES

SUR LES FAMILLES

LE RAY DE LA CLARTAIS

ET

LE RAY DU FUMET

PAR

Joseph ROUSSE

VANNES

IMPRIMERIE LAFOLYE

—

1893

NOTES

SUR LES

FAMILLES LE RAY DE LA CLARTAIS

ET

LE RAY DU FUMET

En 1730, le maire de Nantes se nommait René Le Ray du Fumet.

Vers 1750, son cousin Jacques-Donatien Le Ray de la Clartais, né à Nantes le 1ᵉʳ septembre 1725, qui fut l'ami de Franklin et le protecteur du sculpteur Nini, achetait le château historique de Chaumont-sur-Loire, où son fils donna en 1808 l'hospitalité à Mᵐᵉ de Staël exilée de Paris par Napoléon.

En 1855 on élevait sur les quais de Pornic une statue au contre-amiral Théodore Le Ray, parent des deux premiers.

Je savais que ma grand'mère Rousse, née Hilleret, était fille d'une demoiselle Le Ray, et j'avais trouvé dans les papiers de mon père des lettres de l'amiral son cousin et d'autres Le Ray dont le nom était accompagné de celui de la Clartais. J'ai voulu étudier d'un peu près ces familles et savoir quels liens les unissaient. C'est le résultat de mes recherches qui fait l'objet de cette notice.

Ma bisaïeule Marie-Anne Le Ray, épouse de « noble homme Joseph Hilleret, capitaine de navire », demeurant à la Plaine, avait deux frères, Jean Le Ray, négociant à Nantes, consul des marchands en 1776, et Honoré Le Ray, capitaine de navire, demeurant à Pornic. Leur père, également capitaine de navire, se nommait Honoré Le Ray et leur mère Julienne Bonamy[1].

---

[1] Acte de partage du 16 mars 1776 que possède actuellement une arrière-petite-fille de Marie-Anne Le Ray, Madame Chollet, veuve de M. J.-L. Chollet, ancien conseiller général de la Loire-Inférieure pour le canton de Pornic.

Jean Le Ray maria en 1779 sa fille Marie-Anne à « Alexandre-
« Emmanuel Perrin de la Courbejollière, chevalier, seigneur de la
« Courbejollière, fils de messire Jean Perrin, vivant chevalier de la
« Courbejollière et de dame Renée Adélaïde Gouyon de Marcé, son
« épouse, à présent sa veuve, » dit le contrat de mariage en date
du 24 avril 1779 rédigé par Mᵉˢ Foucquereaux et Lambert, notaires
à Nantes.

A ce contrat dont une expédition est aux archives de la préfec-
ture de la Loire-Inférieure, série E, n° 1109, on voit signer, à côté
de Jean Le Ray et de Catherine-Françoise Baullon son épouse, Le
Ray-Charet-Clartais, Le Ray du Fumet, Marie-Anne Le Ray
du Fumet.

Il est évident que ces Le Ray du Fumet sont des parents de Jean
Le Ray, père de la mariée.

D'autre part, je trouve dans l'ouvrage de M. le comte Régis de
l'Estourbeillon intitulé *La Noblesse de Bretagne*, tome 1ᵉʳ, page 92,
à l'article concernant la famille Perrin de la Courbejollière, les lignes
suivantes : « Alexandre Emmanuel, fils de Jean François Perrin et
« de Renée de Gouyon de Marcé, né dans la grande chambre d'hon-
« neur du château de Clisson, mort en 1837, à l'âge de 87 ans,
« marié à Mˡˡᵉ Leray de la Clartais ; demoiselle Adélaïde-Cécile
« Perrin, fille du précédent, née en 1780, mariée à M. Goguet de
« Boishéraud ; Mˡˡᵉ Lucie Perrin, mariée à M. Alexandre Boulonnais
« de Saint-Simon, morte en 1834. M. Eugène Perrin de la Courbe-
« jollière, leur frère, dernier du nom, marié à demoiselle Rose de
« la Roussière et mort à Nantes en 1857, etc. »

Voici la copie de l'acte de mariage de Marie-Anne Le Ray et
d'Alexandre-Emmanuel Perrin de la Courbejollière d'après le registre de la paroisse Saint-Nicolas de Nantes pour l'année 1779,
folio 102 :

« Le vingt-septième jour d'avril mil sept cent soixante-dix-neuf,
« après une publication faite sans opposition dimanche dernier aux
« prônes des grand'messes de cette paroisse et de celle de Saint-Lu-
« mine, près Clisson, en ce diocèse, comme il conste par le certifi-
« cat en bonne forme, vu la dispense des deux autres bancs et la
« permission de différer les fiançailles jusqu'à ce jour accordée par

« Mgr l'évêque de Nantes, en datte du jour d'hier, signé de Boissieu,
« vicaire génér., le tout dûment insinué et controllé le même jour,
« ont été par nous soussigné, docteur en théologie, recteur de cette
« paroisse, fiancés et reçus à la bénédiction nuptiale, en la cha-
« pelle Saint-Julien, à la Fosse, messire Alexandre-Emmanuel Per-
« rin, seigneur de la Courbejollière, âgé de vingt-neuf ans, fils ma-
« jeur de feu messire Jean-François Perrin, vivant seigneur de la
« Courbejollière, et de dame Adélaïde-Renée de Gouyon, présente et
« consentante, natif de la paroisse Notre-Dame de Clisson et domi-
« cilié de celle de Saint-Lumine susdit,

« Et demoiselle Marie-Anne Le Ray, âgée de dix-huit ans, fille
« de noble homme Jean Le Ray, ancien consul et négociant en cette
« ville, et de dame Catherine-Françoise Baullon, présens et consen-
« tans, natifve de la paroisse de Pornic, en ce diocèse, et domi-
« ciliée depuis plusieurs années de celle-ci à vis la Bourse.

« Ont assisté comme témoins du présent mariage, du côté de
« l'époux, outre la dame sa mère ci-dessus, messire Jean Perrin,
« chevalier de la Courbejolière, son frère, demeurant ensemble pa-
« roisse Sainte-Lumine de Clisson ; messire Charles Amory de
« Fourché de Quéhillac, son cousin-germain au maternel, capi-
« taine de dragons au régiment du colonel général, demeurant
« ordinairement sur le Port-au-Vin.

« Du côté de l'épouse, outre ses père et mère ci-dessus, écuyer
« Augustin Charet, son beau-frère, à cause de dame Jeanne-Fran-
« çoise-Marie Le Ray, sœur de l'épouse, demeurant aussi ensemble
« au haut de la Fosse, et noble homme Valentin-Laurent Valton,
« demeurant Isle-Feydeau, paroisse de Sainte-Croix, lesquels ont
« signé avec nous et autres présents à la cérémonie.

« (Signé) Marie-Anne Leray, Alexandre-Emmanuel Perrin de la
« Courbejollière, J. Leray, Gouyon de la Courbejollière, Cécile Perrin
« de la Courbejollière, Jean Perrin de la Courbejollière, Baullon-
« Leray, Charet-Clartais, V.-L. Valleton, de Fourché de Quéhillac.
« Richard de la Rivellerie, recteur. »

Augustin Charet, qui avait épousé, comme on le voit par cet
acte, une fille de Jean Le Ray, nommée Jeanne-Françoise-Marie, et
qui signait Charet-Clartais sans doute parce que sa femme était une

demoiselle Le Ray de la Clartais[1], appartenait à une famille originaire de la Savoie dont la filiation est détaillée dans la *Généalogie
de la maison de Cornulier*, pages 297 et 298 du *Supplément*. Il avait
deux frères et quatre sœurs dont l'une Madeleine-Monique Charet
s'était mariée, le 20 avril 1770, à Jean-Baptiste-René de Couëtus,
officier de cavalerie au régiment de Royal-Etranger, qui devint,
pendant la Révolution, chef des insurgés du pays de Retz,
commanda en second le corps d'armée du général de Charette et
fut fusillé à Challans en 1795.

Une petite-fille de Madeleine-Monique Charet, Céleste-Claire de
Couëtus, épousa Albert Hippolyte-Henri de Cornulier-Lucinière
(pages 296 et 297 du même ouvrage).

Puisque Marie-Anne Le Ray, épouse d'Alexandre-Emmanuel
Perrin de la Courbejollière, et sa sœur Jeanne-Françoise, mariée à
Augustin Charet, étaient des demoiselles Le Ray de la Clartais, leur
aïeul Honoré Le Ray, père de Jean, d'Honoré et de Marie-Anne Le
Ray-Hilleret, était un membre de la famille Le Ray de la Clartais.

La parenté de cette famille avec les Le Ray du Fumet, sans
remonter à son origine (ce qui demanderait de longues recherches),
ressort de plusieurs pièces, entre autres d'un acte de baptême porté
sur les registres de la paroisse Saint-Nicolas de Nantes au 1er février
1724 et qui est ainsi conçu :

« Fouvrier 1724.

« Le premier (février) fut batisé en cette église par moy recteur
« soussigné, René, né de ce jour, fils de noble homme René-Fran
« çois Le Ray, sieur de la Clartais, et de demoiselle Françoise
« Bouvet sa femme. Fut parrain noble homme Jacques Bouvet,
« ancien consul des marchands, ayeul du batisé, et maraine de
« moiselle Elisabeth Doré, veuve de noble homme Jan Le Ray,
« ayeule du batisé, demeurant à la Fosse soussignés.

« Signé : Elisabeth Dorré, Bouvet, Jacques Bouvet, Le Ray de
« la Clartais, Le Ray du Fumet. — J.-B. Arnollet, recteur. »

---

[1] Dans l'*Inventaire sommaire des archives de la Loire-Inférieure*, par
M. Léon Maître, tome v, p. 375, E, 3351, je trouve la mention suivante :
« Commune de Saint-Même. Livre des baptêmes, mariages et sépultures. Le

MM. A. Perthuis et Stéphane de la Nicollière-Teijeiro constatent cette parenté des Le Ray du Fumet et des Le Ray de la Clartais dans le *Livre doré de l'hôtel de ville de Nantes,* au cours de leur notice sur René Le Ray du Fumet.

Cette notice étant intéressante, je la reproduis textuellement :

« 1730-1732

« LXXIV° maire

« M. René Le Ray, sieur du Fumet.

« Armes : D'argent au chevron de gueules, accompagné de deux « étoiles de sable en chef et d'une raie dans une mer de même en « pointe.

« Jeton : De la mairie de M. Le Ray du Fumet, lieutenant civil et « criminel du présidial de Nantes. — Armes de la ville : R. *Sit* « *gemino sub sidero tuta. Exergue,* 1730. Armes du maire : Cou- « ronne de comte'.

« André Portail eut 300 l. pour le portrait de M. Le Ray. Dans « l'Assemblée du 1er mai 1730, M. Le Ray du Fumet eut 87 piques, « M. Darquistade, ancien échevin, 59, et M. René Montaudouin, « ancien juge en chef des marchands, 54. Par lettres datées du 15 « juin 1730, ouvertes dans l'Assemblée générale du 1er août, le roi « nomma maire M. Le Ray du Fumet qui fut installé, ainsi que « les deux échevins, le 7 du même mois, avec le cérémonial « accoutumé.

« La succession de M. Mellier était difficile. Voici comment la « lettre écrite par la communauté de ville relate les qualités excep- « tionnelles des candidats désignés pour le remplacer :

« Le premier est le sieur Le Ray du Fumet, lieutenant civil et « criminel du présidial de cette ville, juge de l'intégrité la plus re- « connue, de la connaissance la plus parfaite de toutes sortes « d'affaires tant publiques que particulières, du travail le plus « assidu pour tout ce qui lui est confié, et de la plus haute estime « parmi la noblesse et la bourgeoisie ; le second est le sieur Dar-

---

« 16 juillet 1790, baptême de Lucie, fille d'Alexandre-Emmanuel Perrin de la « Courbejollière, écuyer, et de dame Marie-Anne Loray son épouse. Parrain, « Augustin Charet de la Clartais écuyer. Marraine, Adélaïde Theuret. »

¹ On peut voir un de ces jetons au musée archéologique de Nantes.

« quistade, ancien échevin, aussi zélé pour le bien public qu'expé-
« rimenté pour tout ce qui peut le procurer, distingué parmi la
« plus saine partie des négociants et très capable de travailler avec
« succès tant pour le service du roi que pour l'avantage de la com-
« munauté ; le troisième est le sieur Montaudouin , conseiller
« secrétaire du roi, ancien échevin, et la plus ferme colonne du
« commerce de cette ville, connu dans tout le royaume et chez
« tous les étrangers pour le bien infini que ses différentes entre-
« prises, toujours conduites avec sagesse et exécutées avec succès,
« ont procuré depuis trente ans à l'Etat en général et à cette ville
« en particulier, d'un génie étendu, toujours bien intentionné et
« un des sujets du roi qui ont travaillé le plus utilement pour le
« bien de son service.

« M. Maître René Le Ray, sieur du Fumet[1], naquit le 10 mai
« 1686, obtint le diplôme d'avocat au Parlement de Paris et fut
« reçu le 16 novembre 1711 dans l'office de conseiller du roi, lieu-
« tenant particulier, civil et criminel de la sénéchaussée, siège
« présidial et prévôté de Nantes, auquel il avait été nommé par
« provisions datées de Versailles le 4 du même mois (Archives du
« tribunal civil de Nantes, registre Offices du présidial, 1709-1715).
« Il épousa demoiselle Anne-Louise Robard, de laquelle il eut
« entre autres enfants : Renée-Louise, baptisée à Bourgneuf-en-
« Retz, le 6 septembre 1712, inhumée à Saint-Denis le 24 mars
« 1781 ; René, baptisé à Saint-Denis de Nantes le 16 janvier 1715,
« qui eut pour parrain Gabriel Robard, auditeur à la Chambre des
« comptes, vraisemblablement frère de sa mère ; François, baptisé
« à Saint-Denis le 1er mars 1723, qui eut pour parrain René-Fran-
« çois Le Ray de la Clartais, et pour marraine Perrine Le Ray,
« dame de la Guerche-Deruais ; Anne Le Ray de la Roussière, inhu-
« mée à Saint-Denis le 3 septembre 1745 à l'âge de 17 ans ; Jean-
« Baptiste Le Ray du Fumet, existant encore à Nantes en 1790.

« René Le Ray obtint en 1739 des lettres patentes enregistrées
« à la Chambre des comptes le 26 mars 1740, l'autorisant à par-
« tager ses enfants noblement et dans lesquelles il est dit « que

[1] Le Fumet est une terre située dans la paroisse de Bourgneuf-en-Retz.

« l'exposant se trouve proche parent de plusieurs familles nobles
« de la province de Bretagne¹ ».

« René-François Le Ray de la Clartais, fils de Jean Le Ray, sieur
« de la Clartais, et d'Elisabeth Doré, négociant, consul en 1735,
« puis conseiller secrétaire du roi et chevalier de l'ordre de Saint-
« Michel, était de la même famille que le maire, sans que nous
« puissions préciser leur degré d'étroite parenté.

« Le second fils du sieur de la Clartais, Jacques-Donatien,
« baptisé à Saint-Nicolas de Nantes le 1ᵉʳ septembre 1725, devint
« grand-maître des eaux et forêts de France², et acquit vers 1750
« les comté et baronnie de Chaumont-sur-Loire dont ses descen-
« dants prirent le nom.

« Il fonda dans ce château une manufacture de poteries et de
« produits céramiques. Des médaillons, en terre de Chaumont,
« des personnages célèbres de l'époque, de Franklin, de Louis
« XVI, de Marie-Antoinette, attestent les talents de l'Italien Nini,
« directeur de cette fabrique, et sont encore recherchés par les
« amateurs³. Durant son séjour en France, Franklin s'était lié
« d'amitié avec M. Le Ray qui envoya aux défenseurs de la liberté
« américaine un vaisseau armé à ses frais et chargé de munitions
(Loiseleur, bibliothécaire d'Orléans, *Notice sur Chaumont*.)

« Son fils l'imita et étant passé en Amérique, où il se fit natu-
« raliser, se maria et devint père de M. James Le Ray de Chaumont,
« qui épousa, vers 1841, Mlle Jenny de Valori, dont l'aïeule était
« la dernière représentante d'une vieille famille parlementaire de

---

¹ Sur les manuscrits de M. Dupont-Doville, conseiller au parlement de
Rennes, relatifs à la Réformation de la noblesse de 1668, etc., qui sont aux
archives de la Loire-Inférieure (tome II folio 309), se trouve une note ainsi
conçue : « Le Ray du Fumet anobly par lettres enregistrées le 7 mars 1739 »

² Puis intendant de l'hôtel royal des Invalides

³ En 1862, M. A. Villers, directeur du musée de Blois, a publié une notice sur
Nini, intitulée : *Jean Baptiste Nini, ses terres cuites*. Elle est résumée dans
le premier supplément du *Grand Dictionnaire de Pierre Larousse*, p. 1118
Nini était né en Italie vers 1716 et mourut à Chaumont-sur-Loire en 1786. Ses
médaillons sont de petits chefs-d'œuvre. Mᵐᵉ veuve Armand Guérand, née Véron,
en possède deux charmants, l'un en bronze de *J.-D. Leray de Chaumont,
intendant des Invalides*, et l'autre en terre cuite, de sa femme Thérèse
Jogues, daté de 1774.

« Provence, les Thomassin, marquis de Saint-Paul. Le fils unique
« de ce mariage, M. Charles Le Ray de Chaumont, comte de
« Saint-Paul, a épousé en 1867 Mlle Diane Feydeau de Brou, fille
« unique du marquis de Brou, de la maison de l'intendant de Bre-
« tagne, qui a donné son nom à l'île Feydeau (Notes de MM. de
« Bondy, E. de Cornulier, etc.). M. de Courcy attribue à tort le
« maire de Nantes et la terre du Fumet aux Le Ray de la Mori-
« vière ; ce magistrat appartient aux Le Ray de la Rairie de
« Chaumont, etc. , ainsi que le démontrent les armoiries qu'il
« portait et nos propres recherches. »

Parmi les signataires de la célèbre protestation adressée à Louis
XVI contre ses ministres par la noblesse de Bretagne le 26 mai
1788 pour défendre les libertés de la patrie bretonne, figure un Le
Ray du Fumet. C'est, selon toute son apparence, Jean-Baptiste, fils
du maire de Nantes, qui vivait encore dans cette ville en 1790, disent
MM. A. Perthuis et de la Nicollière.

On voit par ce qui précède que Jacques Donatien Le Ray de la
Clartais, propriétaire du château de Chaumont-sur-Loire et intendant des Invalides, était un homme fort intelligent et ami des arts.
Il avait épousé Mlle Thérèse Jogues, ainsi que cela résulte d'un
acte de baptême inscrit sur les registres de la paroisse Saint-Nicolas
de Nantes, le 15 mars 1752, et dont voici la copie :

« Le quinze mars mil sept cent cinquante-deux a été baptisée en
« cette église par moi vicaire soussigné, Thérèse-Alexandrine, née
« de ce jour, fille de messire Jacques-Donation Leray, chevalier,
« seigneur du comté-baronnie-chatellenie de Chaumont-sur-Loire,
« Rilly, Veuvenouves, la Pinière et autres lieux, et de dame Thérèse
« Jogues, son épouse, demeurant Port-au-Vin. Ont été parrain,
« écuyer René-François Leray, sieur de la Clartais, chevalier de
« l'ordre de Saint-Michel, représentant noble homme Alexandre
« Jogues, tous deux ayeuls de la baptisée, et maraine, dame Fran-
« çoise Bouvet, épouse dudit sieur René-François Leray, aussi son
« ayeule, qui signent avec nous et le père présent.

« (Signé) Françoise Bouvet-Leray — Leray de la Clartais —
« Leray de Chaumont — Collet, vicaire. »

Une autre fille de J.-D. Le Ray de Chaumont et de Thérèse Jogues

naquit à Orléans. Elle se nommait Marie-Françoise. Elle épousa le
10 décembre 1887, après la mort de son père, François Véron du
Verger, sieur de Forbonnais, publiciste, inspecteur général des
monnaies, qui fut membre de l'Institut (Voir la *Revue des provinces
de l'Ouest*, année 1858, page 329, article de M. P. Levot).

Le fils de Jacques-Donatien Le Ray, qui avait passé aux États-
Unis pendant la Révolution, probablement attiré par le souvenir
de Franklin, essaya, dit le *Grand Dictionnaire de Pierre Larousse*
(article Chaumont-sur-Loire), « de fonder sur les bords de l'Ohio
« une colonie à laquelle il donna le nom *de Chaumont*. Pendant
« son absence, Mme de Staël, liée avec lui et avec sa famille par des
« relations d'affaires et d'amitié, vint s'installer à Chaumont alors
« que, poursuivie par le despotisme ombrageux de Napoléon, elle
« reçut l'ordre de quitter Paris. L'illustre exilée ne tarda pas à être
« entourée dans sa retraite d'une petite cour d'amis et d'admira-
« teurs où brillaient au premier rang Benjamin Constant, Prosper
« de Barante, les comtes de Sabran et de Salaberry, le duc Mathieu
« de Montmorency, et cette charmante Mme Récamier, qui apprit de
« l'auteur de *Corinne* l'art de présider à un salon et d'y réunir les
« hommes les plus opposés d'esprit et d'opinion. Mais quels que
« fussent les agréments qu'elle trouva dans le séjour de Chaumont,
« Mme de Staël regrettait toujours Paris. Un jour que Benjamin
« Constant lui faisait admirer le magnifique panorama qui se dé-
« roule au pied du château : « J'aime mieux, lui dit-elle, le ruis-
« seau d'eau noire et bourbeuse que je voyais à Paris couler sous
« mes fenêtres que cette Loire avec ses ondes claires et limpides. »

Touchard-Lafosse, dans son ouvrage *La Loire historique* (t. 3,
pages 809 et suivantes, édition de 1843), raconte d'une façon assez
piquante l'arrivée de Mme de Staël à Chaumont :

« Au moment de la Révolution, dit-il, la terre de Chaumont
« appartenait à M. Le Ray, qui en avait joint le nom au sien. Ce
« gentilhomme a laissé dans le pays le souvenir le plus honorable
« de ses bontés et de sa bienfaisance. « Tous ses vassaux sont à
« leur aise, écrivait Fournier en 1785, et bénissent tous les jours
« le seigneur sous lequel ils ont le bonheur de vivre. »

« Durant les jours où toute noble tête était menacée, M. Le Ray

« se fit industriel, il donna de l'extension à une faïencerie et à
« une poterie qu'il avait fondées précédemment et qui existaient
« encore en 1811.

« Vers 1808, et tandis que M. Le Ray était aux Etats-Unis d'A-
« mérique, le château de Chaumont reçut une hôtesse illustre ; la
« manière dont elle y fut introduite est assez curieuse pour être
« citée.

« Mme la baronne de Staël ne fut pas toujours l'ennemie de Na-
« poléon, loin de là. M. le comte de Narbonne, qui avait bien
« quelque expérience des excentricités poétiques de l'auteur de
« *Corinne*, nous disait un jour à Moscou : L'admiration que le
« grand homme inspirait à cette dame était si expansive au début
« de sa glorieuse carrière, qu'il en vint à redouter les invasions de
« sa tendresse beaucoup plus que les attaques de Wurmser et
« d'Alvinzy. » Mme de Staël avait porté un sceptre orné de myrtes et
« de roses sous la monarchie constitutionnelle de Louis XVI,
« sous le Directoire exécutif. A ces deux époques, des guerriers,
« des hommes d'Etat, des publicistes, des représentants de la na-
« tion, avaient pris à son petit lever, quelquefois auparavant, le
« mot d'ordre de leur conduite politique ; elle se flatta un moment
« que Napoléon agirait de même. Il fallut renoncer à cet espoir ;
« alors la fille de Necker devint hostile au premier consul, à l'em-
« pereur ; elle se fit exiler à une certaine distance de Paris, puis
« hors de France.

« Revenue d'un premier exil et roulant en poste sur la levée qui
« borne la rive droite de la Loire, elle fit arrêter son postillon
« pour admirer le château de Chaumont, masse imposante qui, se
« détachant sur un massif de verdure, attirait le regard et com-
« mande la rêverie à l'esprit.

« — Postillon, voilà un superbe château.

« — C'est ben vrai tout de même, madame.

« — A qui appartient-il ?

« — A M. Le Ray de Chaumont... un ci-devant, mais bon
« comme le bon pain, le bienfaiteur du pays, quoi.

« — Postillon, mon voyage est fini pour le moment.

« — Je croyais que madame allait à Tours et nous ne sommes
« qu'à Onzain.

« — J'ai changé d'avis.

« A ces mots, Mme de Staël sauta de sa chaise de poste, la fit re-
« miser dans une maison voisine, demanda un batelet, se fit passer
« à Chaumont et se rendit directement au château.

« Nous avons dit que le propriétaire de ce beau domaine était
« alors aux Etats-Unis ; la noble aventurière s'adressa au régisseur
« qui, si nos renseignements sont exacts, était le maire actuel de
« la commune.

— « Monsieur, le château de Chaumont est un monument
« magnifique et sa situation est ravissante.

« — Madame, c'est l'opinion de tous ceux qui l'ont visité.

« — Ils ont dû vous exprimer leur admiration ; moi je viens
« vous prouver la mienne ; je m'établis au château.

« — Madame m'a fait l'honneur de me dire...

« — Que je m'établis au château.

« — Madame est une parente de M. Le Ray ?

« — Non, monsieur.

« — Une amie de sa famille, sans doute ?

« — Pas davantage ; je n'ai même jamais eu l'honneur de ren-
« contrer M. Le Ray dans le monde... Mais on me nomme la ba-
« ronne de Staël... et je suis la fille de Necker.

« — Oh ! Madame, fit l'intendant, qui n'avait point oublié celui
« que le cardinal de Loménie nommait l'homme de l'opinion...

« Or, Mme de Staël, ayant pris ce oh ! pour un témoignage d'as-
« sentiment, s'avança dans les appartements, ouvrit les persiennes
« des croisées donnant sur le cours de la Loire, et, s'étant arrêtée
« dans une chambre qui lui convenait, elle reprit : Je serai bien ici.

« — Mais, Madame, c'est l'appartement de M. Le Ray, et nous
« l'attendons.

« — Je le lui rendrai à son arrivée, si, contre mon attente, il
« n'était pas assez galant pour me le laisser... Mais c'est peu pro-
« bable, ajouta la baronne en redressant sa coiffure devant une
« glace.

« Que pouvait faire l'intendant? On n'envoie pas chercher les
« gendarmes pour chasser de vive force la fille d'un grand mi-
« nistre, la femme d'un ancien ambassadeur qui s'appelait *Magnus*.

« Il autorisa le séjour plus que militaire de Mme de Staël et fut
« approuvé au retour par son patron. Si la noble exilée se fût
« bornée à s'abandonner aux plus doux penchants de son cœur,
« si elle n'eût écrit de Chaumont que des protestations de tendre
« attachement au tribun Benjamin Constant, il est probable que
« le duc de Rovigo, ministre de la police, eût fait semblant d'ou-
« blier cette dame aux bords de la Loire. Mais elle s'efforça de re-
« nouer le fil rompu de ses intrigues politiques ; ses amis vinrent
« la voir à Chaumont; leur affluence fut grande et incessante. On
« vit presque se renouveler à cette époque, sur la rive gauche de
« notre grand fleuve, la cour voyageuse qui, durant le siècle pré-
« cédent, visitait le duc de Choiseul exilé à Chanteloup. L'empe-
« reur apprit qu'on délibérait hostilement dans le vieux manoir
« des sires d'Amboise ; Mme de Staël dut s'en éloigner et se fixer
« un moment chez M. de Salaberry au petit château de Fossé. Par
« un mode de transmission qui nous est inconnu, Chaumont
« passa de la famille Le Ray dans celle de M. d'Etchegoyen. »

Quand le fils de Madame de Staël édita les *Œuvres complètes* de
sa mère, en 1821, il mit en tête de l'ouvrage qui a pour titre *Dix
années d'exil*, un avertissement où il expose les faits d'une autre
manière :

« Elle alla, dit-il, s'établir près de Blois dans le vieux château de
« Chaumont-sur-Loire que le cardinal d'Amboise, Diane de Poitiers,
« Catherine de Médicis et Nostradamus ont jadis habité. Le pro-
« priétaire actuel de ce séjour romantique, M. Le Ray, avec qui mes
« parents étaient liés par des relations d'affaires et d'amitié, était
« alors en Amérique. Mais, tandis que nous occupions son châ-
« teau, il revint des États-Unis avec sa famille, et quoiqu'il voulût
« bien nous engager à rester chez lui, plus il nous en pressait
« avec politesse, plus nous étions tourmentés de la crainte de le
« gêner. M. de Salaberry nous tira de cet embarras avec la plus
« aimable obligeance en mettant à notre disposition sa terre de
« Fossé. »

Dans le *Nobiliaire et Armorial de Bretagne* par M. Pol de Courcy
(2me édition 1862, tome 2me, page 324), on trouve sur la famille
Le Ray l'article suivant :

« Ray (Le), sieur de la Rairie, paroisse du Pont-Saint-Martin, —
« des Rambergères, paroisse de Sainte-Pazanne, — de la Clartais, —
« de Chaumont-sur-Loire, —. de Saint-Même, paroisse de ce nom.
« D'argent au chevron de gueules, accompagné de deux étoiles de
« sable en chef et d'une raie dans une mer de même en pointe.

« Deux secrétaires du roi en 1735 et 1783, un grand maître des
« eaux et forêts de Blois en 1766.

« Un membre de cette famille a été substitué de nos jours au
« nom et armes de Valory. »

Maintenant comment l'amiral Théodore Le Ray, dont la statue
orne les quais de Pornic, se rattachait-il aux Le Ray de la Clartais
et du Fumet ?

Voici son acte de naissance :

« Extait des registres des naissances de la ville de Brest, dépar-
« tement du Finistère pour l'an quatre (1795) f° 46 v°. Du vingt-
« troisième jour du mois de brumaire, l'an quatre ou mil sept
« cent quatre-vingt-quinze (quatorze novembre), à quatre heures
« du soir, est comparu en la maison commune de Brest par devant
« moi Joseph-Marie Sorio, officier public, Julien Le Ray, capitaine
« de vaisseau, domicilié sur cette commune, première section,
« assisté de André Durville, ex-accusateur' militaire, domicilié pre-
« mière section, et Julien Martinière, commerçant, domicilié sus dite
« section, lequel m'a déclaré que Jeanne Le Ray, son épouse en
« légitime mariage, est accouchée ce jour, à quatre heures du matin,
« en son domicile, d'un enfant mâle auquel ont été donnés les
« prénoms Théodore-Constant ; d'après cette déclaration et la pré-
« sentation de l'enfant, j'ai, en vertu des pouvoirs qui me sont
« délégués, rédigé le présent acte que le père et les témoins ont
« signé avec moi.

« Constaté suivant la loi par nous Joseph-Marie Sorio, adjoint
« faisant les fonctions d'officier public de l'état civil soussigné,
« après lecture donnée. Signé : Le Ray, Durville, Martinière et
« Sorio. »

Ainsi l'amiral Théodore Le Ray était fils de Julien Le Ray et de
Jeanne Le Ray, qui s'étaient mariés à Pornic le 17 octobre 1786.
Jeanne Le Ray avait pour père Honoré Le Ray, capitaine de na-

vire à Pornic, frère de Jean Le Ray et de Marie-Anne Le Ray-Hilleret ma bisaïeule. Sa mère se nommait Jeanne Guichard.

On a vu que Jean Le Ray maria sa fille Marie-Anne à Alexandre-Emmanuel Perrin de la Courbejollière, le 27 avril 1779, et qu'au contrat signèrent plusieurs membres de la famille Le Ray du Fumet, ce qui indique une parenté entre cette famille et Jean Le Ray, dont l'autre gendre Augustin Charet, depuis son mariage, se faisait appeler Charet de la Clartais.

Julien Le Ray, père de l'amiral Théodore, était fils de « noble homme Pierre Le Ray de la Rochandière[1] », capitaine de navire, et de Renée Daviau.

Il paraît que Julien Le Ray, capitaine de vaisseau au moment de la naissance de son fils Théodore (1795), devint plus tard contre-amiral, car je lis dans un article de M. Emile de la Bédollière, publié par le journal *Le Siècle* et reproduit par le *Courrier de Nantes* du jeudi 6 septembre 1855, à l'occasion de l'inauguration de la statue, œuvre du sculpteur Amédée Ménard : « C'était un homme « digne des honneurs posthumes que Théodore-Constant Le Ray, « qui, fils du contre-amiral Le Ray, suivit si noblement les tracés « de son père.

« Mousse en 1804, à l'âge de neuf ans, aspirant de marine en « 1812, lieutenant de vaisseau en 1823, Théodore-Constant Le Ray « fut pendant la campagne de la Grèce chef d'état-major de l'ami- « ral de Rigny et y fit preuve d'une haute capacité comme militaire « et comme marin. Capitaine de frégate après cette guerre, il fut « chargé de missions diplomatiques importantes. Il conquit le « grade de contre-amiral en contribuant à la prise de Bougie, « en montant un des premiers sur les remparts de Vera-Cruz, « en bloquant Tunis à la tête d'une division navale. L'amiral « Le Ray avait été envoyé à la Chambre de 1836 par le collège « électoral de Paimbœuf, et il fut réélu à la presque unanimité « en 1841 et 1842. Deux fois membre du Conseil général de la « Loire-Inférieure, il y soutint les intérêts du département avec

---

[1] La Rochandière est une terre située dans la paroisse de Sainte-Marie, près Pornic.

« le même zèle qu'il avait apporté aux affaires publiques. Ainsi
« la marine, la guerre, la négociation, l'administration, les travaux
« législatifs occupèrent cette existence qui, commencée le 13
« novembre 1795, s'éteignit prématurément le 23 avril 1849. »

Théodore Le Ray, qui avait échoué aux élections législatives de
1846, était sur le point d'obtenir un siège à la Chambre des Pairs
quand éclata la Révolution de 1848. On peut lire à ce sujet une
lettre qu'il écrivait de Paimbœuf le 4 août 1846 à M. Guizot, ministre des affaires étrangères, dans la *Revue rétrospective* qui parut
peu après cette Révolution.

Il avait épousé Mlle de Roussy, sœur d'un conseiller d'Etat, directeur général de la comptabilité publique ; elle devint sous l'Em-
pire surintendante des maisons de la Légion d'honneur.

Le musée de Nantes possède le portrait de l'amiral Le Ray par
Alexis Pérignon, et la *Biographie bretonne* de Levot contient sur lui
une notice exacte, mais incomplète. Dans l'*Illustration* du 2 juin
1849 se trouve aussi son portrait avec une biographie composée de
notes écrites par lui-même quelque temps avant sa mort. Le même
journal, lors de l'inauguration de sa statue à Pornic, qui eut lieu le
19 août 1855, publia une gravure représentant la fête, mais accom-
pagnée d'indications erronées.

L'amiral Le Ray aimait beaucoup le pays de Retz d'où sa famille
était originaire, et il y avait une maison de campagne nommée
Chanteloup, dans la commune de Saint-Michel-Chef-Chef. Il y
passait l'été depuis qu'il avait renoncé à la marine pour se con-
sacrer à la politique. Son petit-fils, M. Le Ray d'Etiolles, a vendu
cette terre récemment.

M. Emile Maillard d'Ancenis, dans son livre intitulé *Nantes et
le département au XIXe siècle*, page 91, dit que l'amiral Théodore
Le Ray avait pour frère le poète Antoine Le Ray, né à Nantes le
16 mai 1800. Guépin, dans son *Histoire de Nantes* (page 576) et
F. Piet, dans ses *Mémoires sur la vie et les ouvrages d'Edouard
Richer* (pages 295 et suivantes du tome 1er des *Œuvres littéraires
d'Edouard Richer*), en parlent comme d'un jeune homme très distingué, et ses amis lui firent élever en 1829, au cimetière de Misé-
ricorde, à Nantes, un tombeau monumental terminé par une py-

ramide dont la base s'évide pour donner place à une urne de bronze couronnée de cyprès. Mais M. Maillard se trompe. Antoine Le Ray n'était point le frère de Théodore Le Ray qui n'avait que deux sœurs, Emilie-Rose, baptisée à Pornic le 27 août 1787, et Adélaïde baptisée dans la même paroisse, le 16 janvier 1789, et dont mon bisaïeul Joseph Hilleret fut parrain. L'une d'elles s'est mariée au contre-amiral Fournier, de Lorient.

Voici l'acte de décès d'Antoine Le Ray :

« L'an mil huit cent vingt-neuf, le premier août, à dix heures
« du matin, devant nous soussigné adjoint et officier de l'état
« civil, délégué de M. le maire de Nantes, chevalier de la Légion
« d'honneur, ont comparu les sieurs Louis Germont, cirier, âgé de
« trente ans, demeurant rue Saint-Nicolas, et Pierre-François Gai-
« gnard, teinturier, âgé de trente-six ans, demeurant rue Clavu-
« rerie, lesquels nous ont déclaré que hier à dix heures du soir, le
« sieur Antoine Le Ray, étudiant en droit, âgé de vingt-neuf ans,
« né à Nantes, célibataire, fils de feu Antoine Le Ray et de dame
« Renée Jeanne Monier, est décédé en la demeure de sa mère, sise
« rue Le Kain, cinquième canton ; les déclarants ont signé avec
« nous le présent acte d'après lecture faite, Signé au registre : Gai-
« gnard, Germont, et Joseph Doucet, adjoint. »

Antoine Le Ray, fils d'Antoine et de Renée-Jeanne Monier, ne pouvait donc être le frère de l'amiral Théodore Le Ray, fils de Julien et de Jeanne Le Ray, mais c'était sans doute son cousin, comme semble l'indiquer le prénom de Julien commun au père de l'amiral et au frère du poète, né le 28 septembre 1802, mort le 13 décembre 1871, et qui repose dans le même tombeau que lui.

Par ces *Notes* je n'ai point cherché à établir des généalogies complètes qui auraient demandé des recherches considérables sans utilité sérieuse ; j'ai seulement voulu grouper des souvenirs d'hommes sortis des mêmes familles et qui m'ont paru mériter un certain intérêt.

Bien des fois, assis sous les ormeaux du môle de Pornic, en regardant sur son piédestal de granit la statue bronzée de l'amiral Le Ray, debout près d'un canon, la main gauche sur son épée, en face de la mer, j'ai pensé à toutes ces familles Le Ray, aujourd'hui presque éteintes, dont quelques membres ont eu une existence brillante, tandis que les autres vivaient dans l'obscurité, et j'ai senti la vérité de cette phrase de La Bruyère : « Il y a peu de familles dans le monde qui ne touchent aux plus grands princes par une extrémité et par l'autre au simple peuple. »

Vannes. — Imprimerie LAFOLYE, 2, place des Lices.